Band 970 der Bibliothek Suhrkamp

Die aus dem Kärntner Lavanttal stammende Christine Habernig (1915 - 1973) ist als Christine Lavant zu einer der großen Dichterinnen deutscher Sprache geworden. Thomas Bernhards Auswahl gilt dem elementaren »Zeugnis eines von allen guten Geistern mißbrauchten Menschen als große Dichtung, die in der Welt noch nicht so, wie sie es verdient, bekannt ist«.

Christine Lavant
Gedichte

Herausgegeben von
Thomas Bernhard

Suhrkamp Verlag

Erste Auflage 2016
Suhrkamp Verlag Berlin
Die Gedichte erscheinen mit freundlicher Genehmigung
des Otto Müller Verlags Salzburg

Umschlag: Willy Fleckhaus
Printed in Germany
ISBN 978-3-518-24118-9

Gedichte

Während ich, Betrübte, schreibe,
funkelt in der Vollmondscheibe
jenes Wort, das ich betrachte,
seit die Taube mich verlachte,
weil ich aus dem Wasserspiegel
ohne Namen, ohne Siegel
in die Einschicht trat.
Wäre nicht die Saat
der Betrachtung groß geworden,
müßt ich Mond und Taube morden,
die mich ständig überlisten
und in meinem Schlafbaum nisten,
der davon verdorrt.
Oft brennt sich ein Wort
ganz von selbst in seine Rinde,
und dann schicke ich solch blinde
Botschaft, die sich dreht,
nutzlos deinem Schlaf zu Leibe,
während in der Mondesscheibe
heil die Antwort steht.

An jeden Knochen meines Rückgrats stellt
der Sonnenfinger eine andre Frage –
ich hör nicht hin, ich hause unterm Tage,
denn in der Mitte meiner Ohren gellt
von Schicht zu Schicht die eingesprengte Glocke
und wirft den Leichnam deines Namens aus.
Mein Wille altert längst im Armenhaus,
auf seinem Dach zerschmilzt die letzte Flocke
des kalten Wissens und es sickert ein.
Die Pein-Befragung durch den Sonnenschein
bringt viel zu Tage aus der Brunnenstube.
Ich schau nie hin, ich schaue in die Grube
der Aber-Welt, wo wir zusammenkamen,
und zähl die Knöchelchen an deinem Namen,
während die meinen unterm Sonnenstich
ermuntert werden. Jeder kommt zu sich
und weiß, was war und ist, und sagt voraus.
Der Schädelknochen nur weicht allem aus,
er spürt die Sonnenwärme nur als Bohren
nach dem Geheimnis zwischen meinen Ohren.

Du weißt nicht, wie das mühsam ist
mit allen Sinnen ja zu sagen.
Man muß sie manchmal niederschlagen
wie tolle Hunde und mit List
in einer Schlinge fangen.
Oft gleiten sie als Schlangen
still aus mir fort, wenn sich ein Lied
von selbst aus deiner Flöte zieht
und umgeht hier auf Erden.
Dann bleiben sie wohl lange aus
und kommen unverhofft nach Haus,
um rasch mir Herr zu werden.
Sie nehmen falsche Plätze ein,
sie sagen klar zu allem nein,
verdrehen meinen Willen.
Nur eines kann sie stillen
und bringt sie ganz in meine Hand –
das Weben an dem Wiegenband
vom Hirn hinab zum Herzen.
Sie fügen sich dann seidenweich
und lassen ab vom Himmelreich,
bis mir die Augen schmerzen
– mein innres wildes Augenlicht,
das aus dem Stein ein Kindlein bricht
voll Übermut und Überlist – ;
du weißt nicht, wie das mühsam ist!

Über so hauchdünnen Schlaf
können nur Vögel gehen.
Unten im wachen Wasser
pflanzt sich das Hastige fort
ihrer halb schon fliegenden Schritte.
Oh, meiner Seele ist schwer!
Wer hat ihr den Stein um den Hals gehängt
und ihre Flügel verknotet?
Sie allein muß unten verharren
und ist doch die Mutter der hastigen Vögel
und kam einst über die tiefsten Wasser
zu der schimmernden Insel hinüber.
Jetzt horcht sie hinauf,
jetzt horcht sie hinab,
und während über den hauchdünnen Schlaf
die leichten Gedanken wie Vögel stelzen,
trommelt sie unten auf ihrem Stein:
Ehre sei Gott in der Höhe!

Dieser Vogel verpfeift dich nie wieder!
Ich habe die Fracht seiner Kehle verkauft
an die Ninive-Frau, die im Mutterbett sitzt
und seine verschieden verläßlichen Lieder
an Kindheit und Kindschaft verfüttert.
Hohlwangig hungert der Mond für mich,
auf der Herdbank dürstet das Wasserschaff
und im Fensterglas zittert mein Augenlicht
den Ninive-Augen entgegen.

Ich habe dich in meinen Zorn getaucht!
Jetzt bist du stählern oberhalb der Erde
und unten schlagen deine Wurzeln sich
sanftmütig durch das knirschende Gestein.

Trag mir kein Korn! Ich hab dich nicht gestählt,
um satt zu werden oder einzuschlafen,
mir steht die Hälfte jenes Apfels zu,
der im Gezweig des Natternbaumes reift.

Schwert oder Lilie – beides bist du halb!
Ich will nach oben deine Schärfe schleudern
und mit der Erde sanft verschwistert sein
und Gott versuchen, wie er mich versuchte.

Er hat dich dreimal in mein Herz getaucht
und dir befohlen, ihm zu widersagen –
ich aber habe dich im Zorn gestählt;
bring meine Apfelhälfte seinem Sohn!

Du hast mich aus aller Freude geholt.
Aber ich werde dennoch genau,
ganz genau, nur so lange darunter leiden,
als es mir selbst gefällig ist, Herr.
Du hast mich im Zustand der wildesten Hoffart
und des zornigsten Mutes vor dir.
Heb deine Hand und schlage mich nieder,
ich werde dann nur um so höher springen,
und du wirst mich ewig vor Augen haben,
den kleinen, roten, zornigen Ball.
Jede Stelle wirft mich zu dir zurück,
weil du mich von jener einzigen Stelle,
wo ich Herz war und freudig und weich wie ein
        Vogel,
wegholtest, um mich zusammenzuballen
und ins ewige Leiden zu werfen.

Wo treibt mein Elend sich herum?
Ich habe es sehr streng behandelt
und durch und durch fast umgewandelt,
beim Abschied war es fremd und stumm.

Sein Haar stieg steil und ganz ergraut
in jene Richtung, die ich wollte,
den Stein, der mir vom Herzen rollte,
hat es im Gehn noch weichgekaut.

Dies war wohl kein sehr gutes Brot,
jetzt könnt ich ihm ein beßres kneten!
Mein Wille hat ein Korn zertreten
inmitten dieser Hungersnot.

Doch wer ißt gern für sich allein?
Wenn nur mein Elend wieder käme
und mir den Zorn vom Munde nähme,
um auch so gründlich satt zu sein!

Meine Schwäche geht mit mir um.
Sie duckt mich hinab zu den Straßensteinen
und läßt in verwunderten Krötenaugen
ihr Beigeselltes erstehen.
Niemand kauft mich dem los.
Entlegen schaukelt die Münze des Mondes
in viel zu schwarzen, zu mächtigen Wassern
für meine erstorbenen Finger.
Alles Gefühl wich aus ihnen zurück
und kauerte sich in den Handwurzeln nieder,
ängstlich, was ich befehlen werde
im Auftrag der Hoffnung.
Zitternd läutet mein Herz
den dreigeteilten heiligen Ton,
doch auf der Zunge liegt mir das Blei
des entschlossenen Schweigens.
Niemals will ich um Hilfe rufen.
Durch Straßensteine und Krötenaugen
folge ich meiner wütenden Schwäche
in die Festung des Vaters.

Schildkröte, Schlange und goldenes Schwert!
In dieser Landschaft hat alles sein Recht,
der Regen erkämpft es vom Sonnenstich,
der Hügelrücken vom Wasser.
Komm nie herüber, die Zeit ist um.
Mit diesen Bildern hause ich jetzt
allein und in einfacher Strenge.
Ergiebiger werden die Inbilder sein,
wenn sie im Kampf einander erkennen
an der Zahl ihrer Kräfte, bis jeder kniet
gerecht auf dem Nacken des andern.
Du bist entlassen aus diesem Kampf,
nie wirst du die inwendige Landschaft sehn,
vor deinen Augen wird nie dies Schwert
leibhaftige Bilder entleiben.
Dein Name hat keine Hoffnung mehr,
seinen Fuß auf den Nacken des meinen zu tun,
deinen Namen nahm sich der Fischer zurück
aus dem Netz meiner Wandlung.

Der Südwind rührt sich im Wald
und die Wachtel im Weizen.
Eine wildfremde Zahl
verstellt meinem Herzen die Schläge,
bis der Hofhund mich anbellt
und eine der schwarzen Hennen
meinem Schatten zu Leib geht.
Früher taten dies Sonne und Mond.
Aber ich habe Gottvater bestürmt
um einen leibhaftigen Beistand
beim Läuten des Winds,
beim Schlagen der Wachtel
und dem Schwund meines Herzschlags.

So eine kopflose Nacht!
Kein Hund verbellt den gedunsenen Mond,
vor dem offenen Fenster dreht sich der Wind
zurück, von wo er gekommen.
Kehrichtgeruch wohnt in allem ein
und kommt zu Würden und richtet sich auf
zu einem winzigen Babel aus Staub,
in dem meine durstigen Augensterne
die Geißel Gottes erblicken.
Niemand zeigt auf mein Herz,
ich kann seine Stunde nicht wissen.
Diese Nacht ohne Kopf ist eine zu winzige Wunde,
in der niemand stirbt oder fromm wird.
O Gott meiner Angst, o gehorchsamer Gott,
geh hin und löse die Hundezungen,
bis der Mond vor Schreck sich verdichtet
und schmal und schneidend dem Wind befiehlt
den Turm von Babel zu tilgen,
diese Würde im Staube.
Ich atme lieber erniedrigten Staub,
ich möchte nirgends zu Würden kommen!
Niemand zeigt auf mein Herz
und ohne verläßliche Stunde
überfällt mich ein kopfloser Schlaf.

Die Fremde aß des Gegengottes Haar,
sie wollte wachsen wie die Birkenruten,
der Sonne hold sein und den Mond beguten,
auch eine Hütte haben für das Jahr
der Heiligung und Gold am Heimzahltag.
Mir war sie fremd wie eine Abendspinne,
obwohl sie ständig mir am Herzen lag
und nacheinander alle meine Sinne
zu Waisen machte, um sie zu verkaufen.
Mit meinem Schatten ging sie Wetten-Laufen,
wenn ich erschöpft auf meinen Fersen hockte.
Oft, wenn vor Elend schon das Blut mir stockte,
sang sie als Lerche hoch auf meinem Scheitel,
wo ihr der Gegengott entgegenkam.
Ich ward so scheu, sie aber wandelt zahm
durch meinen Himmel und nennt alles eitel
und fühlt sich heilig unter meinem Dache,
trägt dort des Gegengottes Samen aus.
Mir stellt sie Fallen wie für eine Maus
und ich muß trachten, daß ich ständig wache,
sonst stiehlt sie mir auch noch den letzten Schlag
von meinem Herzen für den Heimzahltag.

Aus solchen Tagen wird wohl kein Leben.
Vielleicht hat sich schon im Mutterleib
mein Schicksal mutig von mir getrennt
und ging – tapferer als ich je einmal war –
für mich auf den gottverlassensten Stern,
blieb dort, legte sich schlafen
und träumt vielleicht aus, was mir zustoßen soll
mit glänzenden Schläfen.
Heimtückisch laß ich mich oft von dem Wind
nah an den Herdplatz der Wirklichen wehen,
lasse mich rösten, lasse mich schälen
und von den bitter Enttäuschten
wieder zurück in das Feuer spucken
oder in salziges Wasser.
Dort denk ich oft nach, ob Gott von mir weiß,
ob es Schutzgeister gibt auch für solche wie mich
und ob den hochheiligen Seelenkern
wirklich nur diese Gesunden haben,
die mit den Zähnen Nüsse zerbeißen
und fremdes für eigenes Schicksal.
In Feuer und Wasser denkt niemand klar –
Vergebt mir, Gottvater, Gottsohn und Gottgeist!
Ihr seid ja dreifaltig, ich bin so allein
und niemand weckt oben mein Schicksal.

Ich will das Brot mit den Irren teilen,
täglich ein Stück von dem großen Entsetzen,
auch die Glocke im Herzen,
dort, wo die Taube nistet
und ihre winzige Zuflucht hat
in der Wildnis über den Wassern.
Lange hab ich als Stein gehaust
am Grunde der Dinge.
Aber ich habe die Glocke gehört
leise von deinem Geheimnis reden
in den fliegenden Fischen.
Ich werde fliegen und schwimmen lernen
und das Steinerne unter den Steinen lassen,
die Schwermut betten in Perlmutter,
doch den Zorn und das Elend erheben.
Meine Flügel sind älter als deine Geduld,
meine Flügel flogen dem Mut voraus,
der das Irren auf sich nahm.
Ich will das Brot mit den Irren teilen
dort in der furchtbaren Wildnis der Taube,
wo die Glocke das große Entsetzen drittelt
zum dreifachen Laut deines Namens.

Auch der Mond müßte brechen in so einer Nacht
wie die Augen der Toten, die Glieder der Schächer,
er aber wird nur ganz sanftmütig schwächer
und zittert im Tümpel, ein Vogel verlacht
die erschöpften Flügel des Windes.
Ich singe uns dreien ein lindes
noch niemals verratenes Mutter-Lied vor,
das bricht durch die Mitternachtsmauer ein Tor
und führt uns dem Hahnschrei entgegen.
Dem Vogel verschlägt dieser Segen
das brüchige Lachen, er würgt es hinab
und umkreist voller Habsucht den blühenden Stab,
den wir drei in den Hahnenschrei pflanzten.
In mir schmilzt der Stein, den die Jahresnacht brach,
meine Fußsohlen denken tiefeinfältig nach,
warum sie im Dornenbusch tanzten.
Der Wind legt sich nieder, der Mond sinkt im Wald,
das Mutter-Lied läßt jetzt in Hahnengestalt
die brennenden Schmerzrosen steigen –
viel höher als jemals mein Schrei sich verstieg –,
sie liegen mit allen Gebrechen im Krieg
und durchbohren das geistliche Schweigen.

Stern, geh jetzt heim, mir zittert schon die Hand,
laß dieses Inbild einen Stärkern tragen!
Ich will die Nacht um meine Schultern schlagen
und mich entsinnen, wo ich den Verstand
verloren habe, als ich dich erblickte.
Wo ist mein Mut, der sich in alles schickte?
Weh dir, du Stern, wenn er nicht wiederkehrt!
Ich hab ihn nicht für Fremde großgezogen.
Sieh, deine Heimkehr wölbt sich schon zum Bogen!
Stern, du wirst fallen, denn mein Mut beschwert
dich vielmals mehr als mich dein Bilderspruch.
Ich wandre leicht in meinem Schultertuch,
verstand- und mutlos, aber voll Vertrauen
zu meinen Sinnen, die wie Sterne steigen.
Du kannst dein Inbild einem Stärkern zeigen,
ich will die Wurzel meiner Schwäche kauen.

Wenn du mich einläßt, bevor deine Hähne
erwachen,
werde ich dienen für dich in dem knöchernen Haus,
will die Herztrommel schlagen, den Atem dir
schöpfen
und dreimal die geistliche Rose begießen
am Morgen, am Mittag, am Abend.

Wenn du mich einläßt, bevor meine Augen
verbrennen,
schmelze ich drinnen für dich dein Spiegelbild frei
und mach es zum König über die Engel
und schlage es Gott als sein Ebenbild vor
voll Glauben, voll Hoffnung, voll Liebe.

Wenn du mich einläßt, bevor meine Flügel
zerbrechen,
köpfe ich neunmal für dich mit der Schlange den
Tod,
grab die Gramwurzel aus und esse sie selber
und hole dir dann aus dem Sonnengeflecht
das Brot, den Wein und die Taube.

Verschüttet von schwarzen und roten Gebirgen
ist nun die gläserne Hälfte der Welt,
darin alle Bilder waren
von dir und den Menschen.
Das Glas ist nicht mehr zu heilen.
Nie mehr wird die Welt eine Kugel sein,
nie mehr den schillernden Himmel der Freude
über dem irdenen Boden haben,
nur schwarzes und rotes Gebirge.
Ich klopfe mit meinem Atem,
ich klopfe mit meinem Herzen
und komme nie mehr darunter hervor.
Und draußen sind die lebendigen Bilder,
und draußen leuchtet die Grubenlampe
in deinen Händen, o Herr.
Warum setzt du nicht meinen Erz-Engel ein?
Ich wurde um seinetwillen verschüttet,
als ich den ältesten Stollen betrat,
um die Wurzel des Lebens zu holen.

Hol den Apfel aus der Schale
ohne Messer, ohne Zähne,
hol dein Herz aus dieser Träne,
die ich für den Wahnsinn male
in sein Bilderbuch.
Dann durchquer den Fluch,
den ich nächtelang bewohne
unter einer Natternkrone
auf dem welken Halbmond-Stengel,
überwirf dich mit dem Engel,
der um deiner Lauheit willen
anfing sein Gemüt zu stillen
und dir doch nie gleicht.
Hoffe dich ins Hoffnungslose –
hier, mein Hirn, die Neumond-Rose,
hat es schon erreicht.
Neunmal will ich dein gedenken
und dir jede Prüfung schenken
bis auf eine, die ich brauche,
wenn ich für dich untertauche
in den Aber-Sinn.
Brich entzwei die Natternkrone
überm Fluch, den ich bewohne,
seit ich einsam bin.

Der Mond nimmt zu und heilt sich aus,
vollendet steht das Sternenhaus,
die Erde riecht nach Birnen.
Ich denk mit sieben Stirnen
und jeder fällt was andres ein,
zwei losen zwischen Kern und Stein,
fünf wollen fünffach schlafen.
Daß sie bei mir sich trafen,
das wundert mich schon gar nicht mehr,
sie reden auch von Wiederkehr
dann, wenn sie alles haben.
Ich weiß, wonach sie graben
im Brunnenschlaf in Stein und Kern,
sie suchen nach dem Wort des Herrn,
das auferbaut und Wunden heilt
und Birnenduft als Brot verteilt
an alle, die noch essen.
Das Wort hilft auch vergessen!
Und deshalb suchen sie es wohl
und machen alles in mir hohl.

Ja, Herr, ich glaube an Doppelwisser!
Der meinige haust schon seit Jahren
eine Viertelspanne unter dem Herzen
und stiehlt meinen Augen die Tränen
und dem Kehlkopf das Zittern,
um lange voraus zu weinen.
Nie weiß ich zeitig, worüber er weint,
nie deutet er an, wem das Weinen gehört,
doch wenn es da ist, wiegt sich mein Herz
wie ein verzweifelter Mutterleib,
dem die Frucht innen abstirbt und schwillt.
Doch ist es mit nichts zu vergleichen,
mit keinem Leib- oder Seelen-Weh,
auch läßt es mit nichts sich vertreiben,
ehe um ist die Zeit.
Das kann oft Wochen dauern und Monde,
meistens aber nur sieben Tage,
bis dann eine äußere Botschaft kommt
und meldet, daß du wieder einmal
meiner einzigen Hoffnung die Wurzel zerstörst
sehr genau und verläßlich.
Dann schläft mein furchtbarer Bauch-Wisser ein
und gibt den Augen die Tränen zurück,
dem Kehlkopf das wimmernde Zittern,
im Herzen aber – mit jedem Mal mehr –
wächst der Zwang sich zu wiegen.

Was mir vom ganzen Denken blieb,
das martert mich in deinem Namen,
ein Stern klebt noch am Fensterrahmen,
daran ich meine Stirne rieb,
um alles loszuwerden.
Der Mondschein geht auf Erden
in dieser Nacht verloren um,
die Hügel kauern stumm und krumm,
als ob sie heimlich litten.
Ich hab die sieben Bitten
des Vaterunsers aufgebraucht
und merke, wie ihr Sinn verraucht,
bevor die Lichter brennen.
Gott wird mich nicht erkennen.
Der Mondschein gleitet weg vom Haus,
der Stern vom Fensterrahmen –
nur was ich denke, löscht nie aus,
das brennt in deinem Namen.

Hole von allen Gedächtnisstätten
deinen verängstigten Namen zurück,
hole ihn, ehe der rote Hahn
endgültig mein Herz überwältigt.
Brennen wird noch vor Mitternacht
der Sternenbaum hinter der Straßenkrümmung,
der Stein unterm Bahnhof, drei Viertel der Stadt
und Gottes barmherziger Rücken.
Brennen wird jeder Menschenmund,
dem unversehens dein Name entschlüpft,
und eingeäschert dein Jahresring
im traurigen Baum meines Lebens.
Hole sofort deinen Namen zurück!
Ich habe ihn noch mit den letzten Kräften
meiner toten Mutter ans Herz gelegt,
und auch das wird vor Elend entbrennen.

Vergiß dein Pfuschwerk, Schöpfer!
Sonst wirst du noch zum Schröpfer
an dem, was Leichnam ist und bleibt
und sich der Erde einverleibt
viel lieber als dem Himmel.
Geh, kleide weiter Lilien ein,
ätz Sperlinge mit Honigseim –
ich leb von Rost und Schimmel.
Du meinst, das macht mich noch nicht satt,
und faselst von der Gottesstadt,
die viele sich erfasten.
Ich nicht! Ich wohne gern im Lehm,
um Stein zu werden und trotzdem
dich niemals zu belasten.

Zwischen den vielen Stunden der Zeit
wartet auch jene meines Todes.
Gerne nähm' ich sie manchmal heraus aus der Reihe
näher zu mir her ins Vorgefühl.
Aber – wer sagt mir, daß ich die rechte erfasse?
Haben doch alle noch ein und dasselbe Gesicht,
auch namenlos sind sie oder verborgen benannt
und gehören, wie Nonnen, nur sich und dem
Herrn.
Freilich, oft in der Nacht, erwache ich so wie gerufen
und glaube zu spüren, daß jemand am Türpfosten
lehnt,
und denke erregt: »Das könnte die meinige sein!« –
– und atme noch leiser, verballe die Finger am Mund,
denn – ich darf sie nicht holen.
Dies ist zu bedenken: Man nähme damit ja soviel
unzeitig herüber, verfrühte für alles, was lebt,
ganz rechtlos, Geschick –; man riefe Geburten
hervor,
Begegnungen, Liebe, Abschiede, Morde und Lust,
unzählbare Tode, Gefühle für jegliches Herz,
und – wenn ich nicht irre – auch Elend und
Kummer für dich.

Trotzdem der Himmel ein Bleisarg wird
und die Erde steinern auf dein Geheiß,
beleibt und behauptet sich meine Seele
mit furchtsam erworbenem Fleisch und Blut
und seltsam verläßlichen Knochen,
die in Finsternis leuchten.
Es geht schon längst ein Geheimnis um
innerhalb meiner Verlassenheit
und verstellt ihre neunerlei Lichter,
bis fast keins mehr verrückt ist.
Erleuchtet, freilich, bleibt immer nur
der von dir errichtete Fegfeuerstand,
dem Himmel und Hölle gleich fremd sind
und wo Gott sich nie einmengt.

Und trotzdem weiß vielleicht Gott allein,
wovon seither meine Seele lebt
und wer zwischen Bleisarg und Felsen
deiner Blume ins Licht hilft.

Verschriener Tod, für mich bist du so schön!
Schon morgens denk ich dich als Hütte aus,
in die ich einziehn werde schon am Abend,
und daß ein Stern darüber scheinen wird.
Nicht einmal vor dem Umzug hab ich Angst!
Man wird zwar viel vorher verbrennen müssen,
den Leib gewiß mit allen seinen Süchten
und von der Seele das, was sie sich hier
zusammentrug an Mut und Freudigkeit.
Nur meine Liebe, Tod, die bring ich mit!
Für die mußt du, wenn du mein Obdach bist,
den besten Winkel meiner Hütte richten
und, wenn es sein kann, baue auch ein Fenster,
damit der Stern, der gute, den ich meine,
ihr dort zu Diensten geht mit allem Trost,
den ich ihr hier niemals hab' geben können.

Jag doch den Stern mir fort,
du meines Nachbars Hund,
er grinst so ohne Grund!
sag ihm ein Hundewort!

Bell ihm was Böses zu,
verjag ihn wie ein Wild,
ich brauch kein Sternenbild,
mein Hundsstern bist jetzt du!

Denkst, das genüge nicht
für dieses schwarze Herz?
Es findet blind den Schmerz
und frißt ihn, bis es bricht.

Hast du nicht Hunger, Hund?
Geht, freßt zu zweit!
Der Stern verzog sich weit,
jetzt wein ich ohne Grund.

Die Schläfen füllen sich mit Föhn –
Herr, willst du mein Gedächtnis trinken?
Kein Tropfen darf zur Erde sinken,
sie ist so gläsern und so schön
voll makelloser Zeichen.
Trink meinen Schädel schadlos leer,
für dich ist kein Getränk zu schwer,
dein Hirn kann nichts erweichen.
Ich habe mich sehr hoch geschnellt,
das Haar der Wälder unten wellt
wie Löwenmähnen um das Lamm
der weißen Stadt, ein Hahnenkamm
blüht brennendrot am Straßenrand,
wo früher mein Gedächtnis stand
vor deines Sohnes Leiche.
Wer weiß, wie weit ich weiche?
Schon kenne ich die Qual nicht mehr,
die mich im Föhn zum Heiland zwang –;
Herr, taste dich den Dorn entlang,
trink gnädig meinen Schädel leer.

Nun hast du auch mein Unglück noch verlegt.
Soll ich dir leuchten mit den Aber-Augen,
die mir ein Halbtraum durch das Gitter schob
als Totenäpfel oder Grablaternen?

Du horchst nicht her. Bist du vielleicht auch taub?
In meinen Ohren läutet überzählig
ein Glockenpaar, noch immer aus der Zeit,
da mich das Unglück tränkte und ernährte.

Was redest du? Ich soll ganz steinern sein
und Wasser sammeln unterm Brunnengitter,
bis du zurückkommst mit der Spiegelschrift
für meine unverdienten Aber-Augen.

Hinter meiner Rippenfalle
schnarrt das Herz, die Wiesenralle
und zersägt die Zeit.
Trotzdem wird sie immer länger
denn der alte Vogelfänger
schneidet jenseits erst die Ruten
siedet Leim auf schwachen Gluten
ist noch nicht soweit.
Sicher fängt er auch vor allen
Drosseln oder Nachtigallen
und für Fegefeuer-Lauben
manchmal ein Paar Türkentauben
die mit durstig-hohlen Schreien
ihm den eigenen Durst verzeihen
zwischen Da und Dort.
Niemand hört das Wort
das von Einfalt übermannte
und im Einton eingebannte
wie die Ralle es verkündet,
keinem Nachbarhäftling zündet
dies den Erzbrand an.
Hie und da ein Hahn
hält in seinem Gellen inne
köpfelt fast zur Brunnenrinne
weil sein Brustkorb brennt.
Niemand sonst erkennt
daß der Ralle ödes Schnarren

umschmilzt Mond- und Sonnen-Barren
und viel Saturn-Blei.
Trotzdem halten meine Rippen
trotzdem schweigen meine Lippen
und du gehst vorbei.

Herz, löse hier den Hausstand auf
und ziehe in den Mond hinauf,
dort leben lauter Narren.
Da – lade dir den Karren
so hoch du willst, leer ab den Baum
und wirf dein Adernnetz als Zaum
dem Schutzgeist-Engel zu.
Ich finde mich hier schon zurecht,
brauch keinen Mühlstein, keinen Knecht,
ich dreh mich selbst herum.
Nimm auch das bißchen Blut mit dir,
kauf dich damit im Mond-Leib ein,
dort wirst du endlich heimisch sein
und nicht so frieren wie bei mir,
nicht ständig Hunger leiden.
Wohl warst du sonst bescheiden,
doch so – wie eben Narren sind –
auf das versessen starr und blind,
was wir niemals bekamen.
Mich macht das zäh und überwach,
hol du im Mond dein Traumbild nach,
zieh aus in Gottes Namen!

Was zeigst du mir dein Muttermal?
Ich habe dich ja nicht geboren,
mein Kindlein ward als Lamm geschoren
und heult als Wölfin durch das Tal
der neunundneunzig Peinen.
Laß du dein Mal nur scheinen
als halben oder vollen Mond,
du bleibst mir fremd und ungewohnt,
mag dich nicht anerkennen.
Das Bälgchen Erde ist mir mehr,
ich hol es durch die Nesseln her
und laß mich gern verbrennen.
Zwar frißt es mich in Bälde arm,
doch ist sein Fellchen weich und warm
und riecht wie frischgeboren.
Du laß mich ungeschoren!
Dein Mondmal ist ein Vatermal
von dem, der mir mein Kindlein stahl.

Blutrache haust in dem gelobten Land.
Ich lob es wütend wider meine Trauer
und reiß die Sinne von der Klagemauer
und steh auf ihr und jag den Ölwaldbrand
dir in den Sattel nach, nun reite! Reite!
Wie stolz du warst und suchst nun doch das Weite,
nachdem du alles hier verwüstet hast.
Beim nächsten Brunnen wirst du deine Last
ertränken wollen oder gar verkaufen.
Ich rate dir, den Brand bloß umzutaufen
auf deinen Namen, denn der brennt sehr gut
und wird noch wüten, wenn sich deine Glut
längst schon gelegt hat, um im Wüstensand
fromm einzuschlafen bis zur Regenzeit.
Sei nur nicht sorglos, denn in mir gedeiht
wie nie zuvor das hochgelobte Land
und sammelt hastig die verstreute Sippe.
Mein Herzschlag trommelt gegen jede Rippe
das dumpfe Sammelzeichen: Zahn um Zahn!
Der Häuptling Wille tanzt als roter Hahn
rund um die Stadt, die einmal dir gehörte.
Sei nirgends sorglos, wo du Zelte baust!
Denk auch im Traume noch an das zerstörte,
einst sanfte Land – darin jetzt Rache haust.

Wenn du mich heimsuchen willst
mußt du zuvor ein Schüsselchen Milch
mir in die Herzmulde schütten
weil dort ein wütender Igel haust
tobsüchtig vor Hunger.

Wenn du mich heimsuchen willst
mußt du zuvor einen Flammenring
um meine Hirnschale legen
weil dort ein giftiger Skorpion
seine Jungen herumführt.

Wenn du mich heimsuchen willst
mußt du mit einem hochheiligen Spruch
meine steinerne Zunge besprechen
weil sie neunmal am Tag in die Hölle fährt
um ein Wort zu verbrennen.

Wenn du dies alles bestanden hast
bist du willkommen auf Stirne und Mund
und erwartet vom sanftesten Herzen
im Zeichen des Kreuzes.

Erlaube mir traurig zu sein
unter deinen Augen, den Sternen.
Vielleicht sehen sie nicht, daß ich traurig bin,
denn die Muschel des Mondes ist abgewandt
und hört nicht auf meine Gespräche.
Bei Tag denkt sicher die Sonnenstirne
niemals über mich Dämmernde nach –
erlaube mir, gänzlich verloren zu gehen
in den Büschen der Schwermut.

In den Ohren Glockenglöppel
auf der Zunge Knotenbotschaft
Feindsal zwischen Herz und Nieren
in der Milz ein Kuckucksei.
Alles meinem Gott zu Diensten
dem Ersatzgott der fast echt ist
jedenfalls ein echter Quäler.
Fragt nur meine Augenhöhlen
fragt nur meine Fingerwurzeln
und mein Kreuz und meine Lunge
und den großgewordnen Kehlkopf.
Allen schickt er Nadelstiche.

Geißelhiebe Nesselbrände
jeder kriegt gerecht das Seine
und zu jeder Tageszeit.
Wer so heimsucht ist nie müßig
und nie müd den Fraß zu finden
und das Kuckucksei im Milznest
muß ich immer wieder füllen
denn das trinkt er täglich leer.
Doch ich halt mich ihm zu Diensten
dankbar bin ich und gefügig
alles weil er dir im Kommen
und im Gehen manchmal gleicht.

Oft verliere ich mitten am Tage
den Faden meiner Zeit.
Dann schreit mir manchmal ein Vogel nach
oder ich werde vom Schmelchengras
schneidend daran erinnert,
bis ich geduldiger rücklings gehe
und taste und knüpfe.
Mein Gedächtnis wird von den vielen Knoten
uneben wie ein Kartoffelacker
und ich kann es dem Schlaf nicht verargen,
wenn er anderswo einkehrt.
Nur ein ganz alter blutfremder Traum,
der im Herzblatt verpuppt war – wer weiß seit
wann? –,
ist ausgekrochen und frißt sich durch,
wegen dem muß ich knüpfen und knüpfen.
Immer wenn ich nicht rücklings will,
schillern die Raupenringe mir zu:
Du weißt, ich werde ein Gottesanbeter
und lege später bestimmt meine Eier
ins Herz deiner brennenden Andachtsstaude,
dann darfst du den Faden verlieren.

Ich bin lau und ausgespieen;
Mohn und Dämon flüchten eilig,
trotzdem fühle ich mich heilig
auf dem Scheitel in den Knieen.

Weg von aller Menschenwärme
und von jedem Engelsflügel
halse ich den Maulwurfshügel
unterm Schrei der Starenschwärme.

Herbst ist außen, Herbst ist innen;
Blau und Gelb gekreuzt verzücken
mich im Hochzeitsflug der Mücken
und mein Blut will fast gerinnen.

Könnt ich nur den Atem halten,
bis das Hirn die Erde läutet
ins Gehör, das sich schon häutet
nahe bei den Augenspalten.

Einmal werde ich verstehen
ganz und gar mit allen Sinnen
und das Erdblut wird mir rinnen
von dem Scheitel zu den Zehen.

Baum in der Sonne, ohne Nest und Blatt,
wozu dich schütteln? Schamhaft geht der Tod
und mit viel Sorgfalt unter dir vorüber.
Wo wohnt die Furcht? Auch sie wär noch lebendig
und nicht so kalt. – Wir frieren ineinander,
ganz ohne Hoffnung, ohne Zweck und Absicht,
denn unsre Wurzeln wurden ausgerissen.
Denkst du an Liebe? – Ach, es war nur,
wer begabt mit Vorsicht und mit Feuerzange,
um einen Dorn im Herzen auszurotten.
Wie hoch wir steigen! Andre schweben so,
aus Lust und Freude, uns verschoß die Qual
wie einen Pfeil in die verfluchte Sonne
fruchtloser Einsicht, die den Tod noch kränkt.
Da hängen wir als dunkle Bilderschrift,
und wer uns nachkommt, liebend und verworfen,
dem helfe Gott, daß er nicht lesen kann
und ewig wähnt, er brenne hier als Opfer.

Auf allen Stufen meines Leibes haust
ein Schmerz für sich und möchte heilig werden,
ich bin dem Kloster schon spinnefeind
und wäre lieber ein Zigeunerlager.

Der Abt ist irr, er trommelt immerfort,
statt sich zu sammeln, öden Abendsegen
und schläft nie ein, hält auch die andern wach,
weil alle Stufen unentwegt erzittern.

Sooft mein Widerstand lebendig wird,
treibt ihn der Täuscher durch die Klostergründe,
dort wo die Wirklichkeit ganz körnig ist
und Brot hervorbringt für die Hungerleider.

So bin ich Haus und Hof und Brotgerüst
und manchmal auch ein ganz geheimer Hügel,
wo meine Feindsal dunkle Trauben trägt,
damit die Heiligen Zigeuner werden.

Ein Viertel Schlaf, drei Viertel Angst –
wenn du jetzt ein Gebet verlangst,
dann wird es wohl nicht meines sein;
denn was sonst betet, ist ein Stein
und schwitzt in seiner Grube.
Der Mond geht durch die Stube,
mit seinem halben Angesicht
versucht er, meinem Augenlicht
ein wenig beizustehen.
Das hilft nicht viel, es mindert nur
das Viertel Schlaf und läßt die Spur
der Träume ganz verwehen.
Noch wußte ich, wo Zuflucht ist,
und hoffte, mit viel Über-List
den Stein dorthin zu rollen.
Jetzt aber – mit den vollen,
angstvollen Augen – geh ich blind
durch Mond und Stube durch den Wind
und durch sehr fremde Dinge.
Die Angst weiß, daß ich singe,
sie hat Geduld, stört keinen Ton,
läßt mich dich, Vater, Geist und Sohn
in allen Namen nennen.
Sie ist sehr stark in dieser Nacht,
macht schwerberauscht und überwacht
zugleich das Niederbrennen
von aller Zuflucht hier und dort

und geht dann voller Schwermut fort,
als würde ich nichts taugen.
Schlaf rinnt in meine Augen,
Schlaf überwältigt das Gebet,
mit dem der Stein sich heimwärts dreht.

Mit dem Schweiß, der auch aus Steinen bricht,
salbt das Alter meine Schläfenknochen.
Alle Hoffnung ist zu Kreuz gekrochen,
seit mein kümmerliches Augenlicht
sich ermächtigt hat, verkehrt zu schauen.
Auch den Ohren darf ich wieder trauen,
weil dies Salböl sie gefügig macht.
Früher nisteten schon Tag und Nacht
Täuschernamen in den Trommelfellen.
Jetzt verkrallt sogar das Hundebellen
sich vergeblich drin, wenn ich nicht will.
Selbst zwei Hunde, schütteln sie ganz still
alles ab, um bloß auf mich zu hören.
Nur die Finger haben das Verschwören
und Beschwören nie noch ganz verlernt.
Ach, ich finde sie verkreuzt, gesternt,
auch verknotet oft im Angstschweiß liegen,
wenn ein Traum herabfällt wie ein Stein.
Diese Finger muß ich noch bekriegen
und besiegen, um gesalbt zu sein.

Ich habe deinen und meinen Schatten
in eine ermächtigte Hasel gebannt,
damit sie erwarten den Jüngsten Tag,
damit sie gedenken der ältesten Nacht
um ihrer Heiligung willen.
Wenn jetzt der Mond in die Stube tritt,
verneigt sich staunend die Stirne der Nacht
in meinem erblindeten Spiegel
vor meiner vielfältigen Hoffnung.
Ich hoffe unter dem Haselstrauch,
ich hoffe über das Dachmoos hinaus,
ich hoffe so tief und so hoch und so stark,
daß mein Gehör davon läutet.

Mein Schatten kann über Wasser gehen,
wenn Mond oder Sonne nur richtig stehen,
mein Schatten glänzt dann am Scheitel.
Dieses Glänzen ist freilich bloß eitel
und kann nichts erwärmen, nie leibhaftig sein,
doch manchmal verdankt ihm ein einfacher Stein,
daß er silbern erstrahlt vor den andern.
Mein Schatten geht selbständig wandern,
auch oft in der Nacht aus dem untersten Traum,
mich hängt er dann so wie ein Pferd an den Baum
des Schlafes und läßt mir kein Futter.
Ich schreie um Vater und Mutter,
auch um die Geschwister und um den Tod,
doch bringen sie mir weder Zucker noch Brot,
ich höre nur alle von ferne.
Sie reden mir zu durch ein gläsernes Tor
und schließlich kommt doch nur mein Schatten
hervor
in Begleitung ertrunkener Sterne.

Traurigkeit hat mir die Lichter vertauscht.
Um diesen ihren letzten Handgriff zu ehren
soll das unverrückt bleiben in mir.
Zu den neunundvierzig Tagen hat sie sich begeben
zu den Abbruchtagen, mir zugehörig
meinem Nacken auferlegt
meinem kümmerlichen Würdigsein vorgestellt
zwecks Ausbruch schneidender Sternempfindung
in allen meinen Nächten, in allen meinen Tagen
bis zur Zahl neunundvierzig, dahinter das
        Nichtsmehr kommt
von wo es weder vor- noch rückwärts geht
noch auf- oder abwärts und nicht nach innen.
Nach der Zahl neunundvierzig weiß niemand
        mehr weiter.
Gott ist vielleicht Fünfzig und vielleicht die Liebe?
Aber so weit hat noch niemand gezählt und geliebt.
Jetzt, seit alles so quer ist in mir
seit Du innen bist und ich außen
weiß ich alles von Sieben mal Sieben
daß es Böses mal Böses ist aber nicht mehr
und noch lang nicht die Wurzel der Überzahl
und die Schneide der Sternempfindung
über die jetzt meine Traurigkeit geht
damit mir zwischen den queren Lichtern
das kärgliche Würdigsein bleibt
wider Gott und die Böse Sieben.

Nur des Schlafes wilder Nebenzweig,
ein Bastard, von Drogen großgezogen,
nimmt sich manchmal meiner Seele an.
Zwei Mißbrauchte dienen dann einander,
trösten das, was noch zu trösten ist,
und verbergen gütig, was sie wissen.
Halbe Träume stellen sie ins Leben,
wächserne und ohne Angesicht,
ohne Anspruch auf Geduld und Pflege,
schmelzend schon beim ersten Hahnenruf.
Aber dennoch sind es kleine Söhne,
notgetaufte, alle dem geweiht,
der dies Paar einander preisgegeben
wie zwei Sklaven oder Straßenköter,
während sich der gute Edelschlaf
nur zu hochgebornen Seelen legt.

So eine wildfremde Sonne!
Die war wohl noch nie in unserem Dorf,
sie weiß ja nicht einmal den Hühnersteig
zu den Sonnenrosen hinüber.

Verschaut sich so lange im Mühlbach,
rastet dann traurig beim Wetterkreuz
und hört nicht einmal den Regen kommen;
vielleicht ist ihr jemand gestorben?

Wenn nur der Wundklee noch blühte
oder im Hafer der wilde Mohn!
Ich kann sie nicht trösten gehen
mit meinen unglücklichen Augen.

Mit leisem Gelächter
melden verheimlichte Vögel
die Rückkehr der Schwermut.
Einfältige Sammlung der Sinne
flog ihnen voraus in den Gipfel der Furcht
und horcht dort und nistet
hochabgeschieden vom Herzen,
dem Nest deines Namens.
Was oben geschehn wird, hast du schon lange getan.
In der Mitte von Oben und Unten
und verheimlichter noch als die Meldevögel
weissagt die stählern gewordene Hoffnung
das Ende aller Tröstungen.
Morgen, sagt sie, wirst du um Heimsuchungen
weinen,
denn auch die Schwermut wird dich nicht
wiederfinden –
so sollst du verschüttet werden!
Das sagt sie nach Oben und nach Unten,
denn ihr, der Mitte, gilt alles gleich,
außer der Kraft des lebendigen Leidens,
durch die sie gestählt ward.

Mein Augenlicht ist nichts mehr wert,
auch das Gehör geht langsam ein,
bald werde ich so sinnlos sein
wie ein verbrauchtes Gruben-Pferd,
doch niemals so ergeben.
Mein Wille macht mich beben,
er ist im ganzen Leib zugleich
und fordert wild das Himmelreich
mit jeder Fingerkuppe.
Vom Boden zieht er Kräfte hoch,
und zeigt er auf das Wetterloch,
fällt eine Sternenschnuppe
oft, wie befohlen, nahe her;
dies alles macht mein Herz so schwer
und alt und seltsam schuldig.
Es wäre gern geduldig
und ginge gern vorzeitig ein,
doch muß es tief gehorchsam sein
und stark und stählern werden.
Viel Furcht verfolgt mich Tag und Nacht,
ich träume oft vom Kohlenschacht
und von den Gruben-Pferden.
Indessen geht mein Wille um
und überschätzt sein Eigentum
im Himmel und auf Erden.

Du mit, für mich, verriegeltem Mund,
du mit, für mich, vernagelten Ohren
und ich gewiß nur dafür geboren,
zeitlebens davor zu stehen
als ein längst schon verwunschener Hund,
den nur Engel noch sehen,
mit der Herzpfote scharren,
den Mond anstarren,
auch wenn er nicht scheint.
Oh, ein Hund, der echt weint,
ein fast menschlicher Hund!
Und so gottverloren
vor deinen vernagelten Ohren,
vor deinem verriegelten Mund.

Wo ist mein Anteil, Herr, am Licht?
Ich will doch auch nach Hause kommen!
Mein Blindenstock ist weggeschwommen
unzeitig sank das Mondgesicht
Bergrücken wachsen mächtig.

Längst bin ich übernächtig
und überreif vor Müdigkeit
sooft der Atem in mir schreit
könnt ich den Tod gebären.
Laß das nicht ewig währen!
Verschaffe mir mein Heimweglicht
auch wenn es grell den Traumstar sticht
und mein Gedächtnis peinigt.

Du weißt, ich brauch kein Himmelshaus
zeig mir das Obdach einer Maus
bevor der Tag mich steinigt.

Ganz erblinden will ich, lieber Herr,
auch nichts hören und die Sonne nimmer
zu mir nehmen in den Zwielichtschimmer,
meine Lippen mögen dürr und leer
wie die Hälften einer Hülse klaffen.
Wehr den Fingern das Zusammenraffen
aller Nöte, um sie dir zu zeigen.
Keine war im Grunde je mein eigen,
seit ich flüchtig diesen Leib betrat.
Nur – es dauert mir schon etwas lange,
und so aufgeregt, wie eine Schlange
sich zur Zeit der Häutung wohl benimmt,
geh ich ruhlos, böse und verstimmt
auf und nieder in dem kleinen Raum.
Was hilft mir der Fink im Birnenbaum?
Sinnlos reift der Sonne Morgenrose.
Wenn ich jetzt Gebete zu dir stoße,
ist es bloß der Seele Ungeduld,
die den Leib als Irrtum oder Schuld
schon zu lange mit sich schleppen mußte.
War's nicht, daß ich einen Ausweg wußte?
Gestern noch und fast bis Mitternacht.
Meine Freiheit schien mir schon vertraut.
Doch des Vogels schwacher Morgenlaut
hat mich wieder in die Haft gebracht.

Hast du meine Mutter erstickt?
Hast du meinen Vater erdrosselt?
Ich habe beide nicht mehr im Blut,
und sie fallen aus meinem Gedächtnis.

Hast du meinen Hunger vertrieben?
Hast du meinen Durst verschüttet
und einen Mistelzweig quer durch mein Herz
gesteckt,
um ihn dann vertrocknen zu lassen?

Gewiß bin ich nimmer ein Gottesgeschöpf.
Du hast mich aus seinen Fingern gerissen
und gänzlich verändert mit deinem Atem
und später am Heimweg verloren.

Es riecht nach Weltenuntergang
viel stärker als nach Obst und Korn,
der Vogel, der am Mittag sang,
dreht jetzt sein Opfer auf den Dorn,
ergreifend flach und ohne Schein
schiebt sich der Mond herein.

Hochsommernacht und so voll Frost!
Das Windrad geht verzweifelt um,
die Sterne scheinen nicht bei Trost,
denn jeder dreht sich wild herum,
bevor er zuckend untergeht
wie eben mein Gebet.

War das der zwölfte Stundenschlag
und mittendrin ein Hahnenschrei?
Es klang so nach dem Jüngsten Tag –
mein Herz tanzt jetzt als hohles Ei
vor meinem eigenen Gesicht,
und das ist das Gericht.

Hinfällig starre ich ins Rad der Zeit.
Wie langsam drehen sich die Sonnenspeichen!
Kein Meister lehrt mich, früh das Ziel erreichen,
doch scheint es oft, als wär ich eingeweiht.

Die Allernächsten gaben mich dem preis,
was in den Höhlen der Verlassenheiten
begreifbar ist, und meine Finger gleiten
entlang der Bilderschrift, die alles weiß.

Viel lieber säße ich noch tief im Mohn
bei Trost und Hoffnung und ein wenig Lüge,
denn hier trägt alles schon die klaren Züge
der argen Wahrheit – man erfriert davon.

Im Geruch der frühen Früchte
und schon leicht entlaubt
bangt der Obstwald, Vogelflüchte
kreisen um sein Haupt.
Drüber wird der Himmel fahler
und ein ungewöhnlich schmaler
Mond begibt sich zart
in den kleinen Sternenanger.
Südwind rüstet sich zu langer
wilder Himmelfahrt.
Nordostwolken drohen düster,
in dem welken Schilfgeflüster
duckt sich Furcht und Hohn
und im Weidenlaub die Meise.
Alles geht im Schwermutkreise,
nur ein Glockenton
preist die Flucht der Jahreszeiten
als des Schöpfers Maß
und die frühen Früchte gleiten
glücklich in das Gras.

Hilf mir, Sonne, denn ich bin fast blind!
Nimm den Teller meiner linken Hand,
zeichne ein das hochgelobte Land
und die Wege, die noch gangbar sind
für Erblindete und für Ertaubte.
Alle Zeichen, denen ich einst glaubte,
sind schon lange in mir abgeblüht
und verdorrt samt Wurzelwerk und Samen;
keines hinterließ mir einen Namen,
dem ich folgen könnte durchs Gemüt,
das sehr steinig wurde und sehr steil.
Deine Wärme treibt jetzt einen Keil
in die Adern meiner linken Hand
bis zum Herzen, das ein wenig bebt.
Sonne – bist du sicher, daß es lebt?
Bist du sicher, daß ich dort das Land
und den Samen aller Namen finde,
während ich ertaube und erblinde?

Ob hier schon jemand vor mir ging?
Die Gegend will mich fürchten lehren.
Mein Herz ist längst ein Pfifferling,
die Augen sind zwei Stachelbeeren.

Soll ich den fürchten, der mich sucht,
weil seine Schritte knöchern klappern?
Mein Mund ist sowieso verflucht
zu Zauberspruch und irrem Plappern.

Der Abend findet mich wohl frech?
Auf meine Stirne schlagen Ruten,
die Sterne prangen wie aus Blech,
das Lamm im Mond beginnt zu bluten.

Ich möchte gern sein rotes Vließ,
mein Pfifferling fängt an zu frieren;
der seine Spur hier hinterließ,
hört nimmer auf mich anzustieren.

Er soll sich eilen, wenn er noch
von meiner Seele was will haben,
sie schlüpft schon in ein Grillenloch
und wird ihm dort ein Rübchen schaben.

Den Halbmond überm Herzen
und ein paar Sternenkerzen
in rechter und in linker Hand,
doch ohne Vorsicht und Verstand,
so geht die Nacht und sucht den Tag,
der gestern noch im Himbeerschlag
gespielt hat mit den Schlangen.
Ich bin ihr nachgegangen,
so weit wie Menschenfüße gehn,
jetzt müssen meine Augen sehn,
wie sie am falschen Hügel kniet
und vor sich hinweint, statt das Lied –
das Schlangenlied – zu singen.
In meinen Ohren klingen
die drei, vier Töne wohl noch nach,
auch in den Weiden und im Bach,
sie aber kann nicht hören.
Sie ist vor Sehnsucht taub und blind
– ich weiß, wie solche Stunden sind! –
jetzt darf sie niemand stören.
Bald ist sie gänzlich außer sich
und teilt sich selbst in Du und Ich
und liegt sich selbst am Herzen.
Der Halbmond taucht im Walde ein –;
wenn sie erwacht ist sie allein
und vor Entsetzen stumm und blind.
Ich weiß, wie solche Nächte sind.

Wenn es die Amsel nicht war, war es die Agelaster.
Leider erwacht man von jedem Geschrei,
doch nicht jede Botschaft geht einen etwas an,
gottseidank!
Auch will ich längst schon lieber fühlen als
gehorchen,
vom Fühlen kann man warm werden,
vom Gehorchen verrückt.
Aufstehen muß ich auf jeden Fall,
auch wenn es weder die Agelaster noch eine Amsel
gewesen ist,
denn es hat sehr verdächtig geklungen,
kreuzverdächtig, wie Ammerflöte und Elstern-
geschnatter zugleich.
Und diese gräßliche Kreuzung
bringt nur ein einziges Ding hier zustand,
hier in dieser verwechselten Stube,
die vom Horchen verrückt ist,
wie da innen die Spieluhr.

Mir ist es oft, als ob die Erde sich
jetzt atemleise meinem Blick entzöge,
und eine fremde Landschaft tritt für sie,
wie eine Bilderschrift, um alles Schauen.
Wohl weiß ich noch die Namen mancher Dinge
und sage: Wolke, Tauwind, Birnbaum, Mond! –,
doch haftet jedem solche Sanftmut an,
wie früher nur dem Bild der toten Mutter.
Und auch die neue Gegend ist verschlossen,
gleich einem Garten, den ein Herr bewohnt,
der mich erwartet für viel spätre Zeit.
Das läßt mich nun in allem so allein,
daß ich mich manchmal aus mir selber hebe,
um was Vertrautes in den Raum zu tun,
aus dem die Erde atemleise flieht.

Erde, wenn du zwei Lippen hättest
und eine Zunge und eine freundliche Stunde,
würdest du dann mit mir reden mögen,
auch jetzt noch, wo ich mein Stümpfchen Verstand
wütend unter die Schneeflocken trete?
Erde, würdest du lachen?
Ich habe mit deiner Freundschaft geprahlt
und erzählt, daß ich oft bei den Wurzeln wohne
und mit den Steinen über das Wetter rede
und imstand bin, dein Blut zu besprechen.
Das Lügen – weißt du – war wie eine Krankheit,
die man oft vor großen Seuchen bekommt,
und mein Herz hat mir immer alles geglaubt.
Jetzt ist es verseucht und schreit bloß nach dir,
will früher nicht sterben, will keinem sonst sagen,
was es im Sinn hat, womit es sich quält
und wen es am Ende noch segnen möchte.
Erde, nimm meine Zunge an,
Erde, bitte, – und meine Lippen!
Rede unter den Schneeflocken her
von der warmen währenden Liebe.

Untertänig ziehn die Sterne
um des Mondes Hof im Osten
und der Wald scheint einzurosten
auf dem Hügel, doch der ferne
blaue Berg steigt steil.
Zornig zieht ein Keil
schwarzer Vögel in die grüne
Himmelshälfte eine kühne
Bilderschrift hinein.
Unterm Brunnenstein
rauscht das Wasser jetzt viel wilder
als am Tage und die Bilder
oben rauschen auch.
Trotzdem wächst in mir die Stille,
untertänig beugt mein Wille
sich zum Dornenstrauch.

Dieser Abend dumpf wie mein Gehirn.
Her mit einem Fetzen greller Hoffart!
Alter Himmel, der die Erde narrt,
hängt den Mond an einen dünnen Zwirn.

Tanze, Häuptling, stell dich darauf ein,
Mut zu haben in der Horde Schwermut!
Bissig meutert jetzt mein müdes Blut
und das deine rinnt wie dicker Wein.

Sind die Sterne alle krüppelhaft?
Dort der Kümmerling ist wohl mein Abbild.
Deine Tanzfigur wirkt viel zu mild,
nimm mein Herz, die Trommel hat noch Kraft.

Eh du hinsinkst, reiß die Klarheit her
aus des Himmels schwelgerischem Vorrat,
diesem Geizhals, der von allem hat,
fällt das Geben, ohne Raub, zu schwer.

Endlich, Häuptling, bist du ganz verrückt,
sieh, jetzt wirbelt schon der Sternenanhang.
Ob der Kümmerling vor Stolz zersprang?
Irgend etwas ist zutiefst mißglückt.

Nicht der Abend, dieser leuchtet klar
und das Firmament ist ohne Abwehr,
doch mein Herz hängt siebenmal so schwer
in mir selber, als es früher war.

Hilf meinem dumpfen Denken nach,
wer war es, der im Dornbusch sprach,
was wurde anbefohlen?
Noch spüren meine Sohlen
den Brand, der nicht aus Wärme war,
noch steigt mein aufgeteiltes Haar,
selbst stechend wie ein Dornenstrauch,
durchs Aberbild aus Rauch.
Ich weiß, daß ich vergangen bin
und mich auch noch vergangen habe;
was ich dafür im Sand vergrabe,
ist sicherlich mein letzter Sinn,
wer wird ihn einmal holen?
Hilf meinem müden Scharren nach,
ich weiß jetzt, daß der Dornbusch sprach:
Hier soll dein Hirn verkohlen! –
Wirf eine Handvoll Dornen her,
mein Wille liegt noch überquer,
in ihm brennt noch das Wort der Welt,
darin der Rauch den Spruch verstellt
zur Rose, die mir widersprach –
wirf mir den Dornbusch nach!

Diese Nacht war ein Wolf –
vielleicht wird die nächste ein Apfel?
Drei stählerne Vögel zerhacken im Fenster mein
Licht
und ich bin noch nicht wachsam, nur wächsern
und soll bis zum Mittag schon brennen,
weil am Mittag die Zeit kommt.
Anders lebt jetzt mein Schlaf,
der bratet sich Äpfel und Wölfe
und die Zeit sucht er heim,
zerschmilzt ihre Flügel und hackt
jeder Stunde ins Auge
und macht deine Mitternacht wachsam,
weil mein Mittag zu ihr will.
Doch sie setzt ihm nichts vor,
ihm, der ihr das Mutterkorn mitbringt
und sanft zu ihr redet über leibhaftige Mütter,
über deine und meine und die, die am Mittag
verbrennen
samt dem Christkind im wächsernen Apfel.

Sind das wohl Menschen? – Wie man das vergißt!
Sie werfen Schatten vor dem Sonnenbaum,
sehr grobe Schatten und – sie haben Stimmen.
Wie sonderbar: – ich glaub, sie hießen »Männer«.
Männer? – Ein Mann? – und kam der Aufschrei
»Liebe«
nicht gleich danach und Schmerz, nicht wahr,
mein Traumbuch,
Schmerz sagtest du sehr lange, fort und glitzernd,
Bänder von Schmerz wie Schienen zu den
Menschen.
Dann kamen Tiere, große dunkle Tiere,
in die man einstieg, weil ihr Kopf so heulte,
und innen sagte jemand dann: »Wir fahren!«
Die, die sich Mädchen nannten, saßen flüsternd
nah beieinander, und es klang wie Laubfall,
wenn sie erzählten, daß ihr Liebster warte.
»Liebster« – was ist das –, geht das rasch vorüber,
läßt es sich fassen, ohne Schmerz zu machen,
und bleibt an einem hinterher dann etwas
wie Blütenstaub und ein Geruch verhaftet
oder vergeht daran nur das Gefühl für gestern?
Ein Traumkraut also? – Sicherlich – ein Traumkraut!
Man hätte niemals davon kosten dürfen,
ehe man heimging in die liebe Erde,
heim zu den Zwiebelchen.

Du hast die Landschaft zwischen uns verändert.
An Jeglichem zwischen Wolken und Wurzeln ist
Arges geschehen.
Verschwistertes schläft nimmer beieinander
und die Brücke des Zutrauns ist fort aus aller
Augen.
Ich weiß nicht mehr, worauf ich gehe oder
wohin,
denn deine Stimme trägt kein Wind mir zu,
kein Vogelruf und nicht der Laut im Laube.
Vierfach nach unten geht des Himmels Richtung
und meine Hand, nach deinem Ärmel tastend,
kommt leer und gezeichnet zurück.
Das schrei ich nun aus und es ist wie ein Sturm,
der mich nackt macht,
ganz nackt, bis zur Seele und schamlos unter den
Sternen.
Warum denn, warum, hast du mir das Schreien
gelassen?
Und das Spruchband der Augen unter der
ängstlichen Stirne?
Warum hast du mir das Herz nicht aus den
Rippen gerissen,
es niedergetreten und kleinweise den Hunden
verfüttert?
Das hättest du müssen, bevor du der Ortschaft
mich preisgabst!

Denn das ist die Hölle, von der ich als Kind
    furchtbar träumte,
und sicher schon früher im Leib meiner
    hungernden Mutter.
Von dort her kommt alles.
Von dort her schon kam ich verkümmert und
    gierig nach Wundern,
daß eines mich endlich verschöne
zum Zustand der Liebe und später ins Klare der
    Engel.
Du hättest dies können!
Ich spür es noch jetzt unterm Balge, wo winselnd
    das Tier wächst.

Das Zittern in meiner Handwurzel kommt
bestimmt nicht von deinem Anblick,
sagte ich,
aber die Erscheinung hörte trotzdem auf.
Wenn es ein Mensch gewesen wäre,
hätte ich geschrien? Hol dich der Teufel!
Auch hinter seinem Rücken hätte ich das getan,
denn ich bin so nachtragend geworden
und geschwätzig auch.
Das eine schlägt sich auf meine Handwurzeln,
das andere auf Kehlkopf und Zwerchfell,
weil es nach innen hinein vergeht, das Geschwätz.
Wo aber ist die Erscheinung hingegangen
und warum eigentlich hergekommen?
Vielleicht wegen des Brunnens?
Alle Brunnenmacher haben Bärte und Leitern
und vielleicht auch Lampen, wenn sie zu tief
hinunter müssen.
Ich hätte ihn wirklich fragen sollen,
denn das von den Handwurzeln war überflüssiges
Geschwätz,
ach – überflüssig ist in mir viel, eigentlich alles,
aber – das hat der mit dem Licht ja wohl merken
müssen –
so also ist es gewesen?
Verdammt!

Daß ich dem Mond mein Gemüt überließ,
bringt mich der Lösung nicht näher.
Bis zum gläsernen Weckruf der Hähne
muß ich eingeholt haben
den Schlüssel zu allen Träumen.
Ich werde das Boot verlassen
und über die Wasser des Himmels gehn,
vorbei an den Inseln der Sterne
und der Einkehr der Engel.
Meine Flügel habe ich hingegeben
an die Löwin meiner Schwäche.
Sie wird mir die Wüste bewahren
und den Brunnen der Tänze,
bis ich wiederkehre mit meinem Schlüssel
und Warnung und Vorschriften weiß.
Noch haben die Hähne mein Herz nicht geweckt.
Wehe, wenn ihre gläsernen Rufe
das Lamm mir zerschneiden
vorzeitig und sinnlos!

Des Nachbars Perlhuhn schreit wie eine Uhr
so unentwegt und immer in demselben
verrückten Abstand, während sich die gelben
Blätter der Weide lösen und als Schnur
im kleinen Dorfbach schaukelnd weitergleiten.
Der schwarze Hund hebt heftig an zu streiten
wider die Schreie, die er nicht verträgt.
Ein tauber Bettler, der durch Nägel sägt,
lächelt voll Hoffnung auf das Abendbrot.
Die letzten Hängenelken blühen rot,
und wenn der Wind will, duften sie herüber.
Sehr tief im Osten steigt ein dunstig-trüber
Herbstmond herauf und äugt uns alle an.
Das Perlhuhn schweigt, – ein rostig-brauner Hahn
kommt ihm fast höflich durch die Nacht entgegen.
Der Bettler sitzt schon unterm Küchensegen,
und in der Hundehütte rauscht das Stroh.
Jetzt dürfte man vom Tage nichts mehr wissen!
Ich aber wende immerfort das Kissen;
denn unter meinem Schädel irgendwo
verbarg das Perlhuhn seine schrillen Schreie.
Der Mond tritt langsam aus der Sternenreihe
und an mein Fenster als ein gelber Hahn.
Wie eine Uhr fang ich zu beten an.

Drei Blicke von meinen Augen entfernt,
drei Vogel-Laute zu hoch dem Gehör
ist wirksam dein Himmelschlüsselgesicht
voll übermächtiger Zärte,
o gottbefohlene du, o mir verschlüsselte Liebe.

Drei Wechselschritte mein Kerker lang,
drei Wechselschritte mein Kerker breit,
drei Flüge zu hoch meinen Lungenflügeln
und oben dein ewiger Märzenbecher,
o gottbereitete du, o mir entzogene Liebe.

Drei Kummerorte im Elendsleib,
drei Hungertulpen an jedem Ort
und alle Erde dein Wandelbaum
und alle Wasser dein Wechseltrunk,
o heilandermächtige du, o mir verzauberte Liebe.

Mein Schlaf ist ins Wasser gegangen.
Seinen Mantel und seine Schuhe
hat mir die Nacht durch das Fenster geworfen,
gebunden an einen Stein.
Nun muß ich schlafwandeln gehen,
auf und nieder in meiner Stube,
und meine Augen sich füllen sehen
mit dem Bildnis des Wassers.
Mein Schlaf ist vorausgegangen.
Ich muß noch seinen bleiernen Mantel
und seine glühenden Schuhe abtragen,
muß den Stein seines letzten Traumes zerkauen,
dann darf ich ihm folgen.

Ich will allen Kränkungen gut in die Augen schaun,
ihnen sagen, daß es nichts Heilloses gibt
und daß keine von ihnen mich wirklich kränkte,
weil immer wieder der Spiegel der Demut
zusammenwuchs hinter ihren Schlägen.
Am meisten muß ich die ersten trösten,
die, welche Gott über meine Kindheit
aus anderen Kindheiten niederwarf
in das winzige Beet meiner Liebe.
Jetzt ist die Zeit der Vergebung da.
Entweder ist es, weil ich jetzt sterbe,
oder weil alles dem Tod verfällt,
was mein Leben ernährte.
Vielleicht steht die Freude vor meiner Tür,
eine ganz kristallene, harte Freude
aus der innersten Stärke der Erde?
Ehe sie eintritt, muß ich die Münzen der Stillung
auf die Augen aller Kränkungen legen,
und ihnen gänzlich vergeben haben
erschütterten Herzens.

Zerschlage die Glocke in meinem Gehör,
durchschneide den Knoten in meiner Kehle,
erwärme mir mein erdrosseltes Herz
und mache die Augäpfel zeitig.

Verkümmert kam ich vom Mutterleib.
O hättest du mich in die Sonne geworfen
und nachts in den Hundsstern! – Dein Zartsinn
ist schuld,
daß ich notreif die Brandstatt durchwühle.

Wer hat mir die Erde zu früh verlöscht?
Die Glocke wäre darin geschmolzen,
der Knoten verbrannt und mein Herz ganz
erglüht,
meine Augäpfel hätten jetzt Kerne.

Noch tanzt die verzauberte Zehe
am vielfach verängstigten Ort,
doch der Herr mit der Peitsche ging fort,
damit seinem Zorn nichts geschehe.

Auch Trommel, Saite und Rohr
schnellen weg zu ganz fremden Signalen
und der Zwang in den Fußknöchelschalen
dringt mittels Besprechungen vor.

Alle Worte, ob spitz oder eben,
sind vom Brunnenmund weg schon Gericht
und die Zehe gehorcht und zerbricht
den Strohhalm im brennenden Leben.

Dieser Tanz ist noch älter als Babel
und ein Ausweg zum innersten Tod,
vorbei an dem Urarchenboot
zu der Taube gekreuzigtem Schnabel.

Ich will vom Leiden endlich alles wissen!
Zerschlag den Glassturz der Ergebenheit
und nimm den Schatten meines Engels fort.
Dort will ich hin, wo deine Hand verdorrt,
ins Hirn der Irren, in die Grausamkeit
verkümmerter Herzen, die vom Zorn gebissen
sich selbst zerfetzen, um die tolle Wut
hineinzustreuen in das Blut der Welt.
Mein Engel geht, er trägt das Gnadenzelt
auf seinen Schultern, und von deiner Glut
hat jetzt ein Funken alles Glas zerschmolzen.
Ich bin voll Hoffart und zerkau den stolzen
verrückten Mut, mein letztes Stücklein Brot
aus aller Ernte der Ergebenheit.
Du warst sehr gnädig, Herr, und sehr gescheit,
denn meinen Glassturz hätt ich sonst zerschlagen.
Ich will mein Herz jetzt mit den Hunden jagen
und es zerreißen lassen, um dem Tod
ein widerliches Handwerk zu ersparen.
Du sei bedankt – ich hab genug erfahren.

Notiz

Dieses Buch dokumentiert die Chronologie der Christine Lavant, die bis zu ihrem Tod weder Ruhe noch Frieden gefunden hat und die in ihrer Existenz durch sich selbst gepeinigt und in ihrem christlich-katholischen Glauben zerstört und verraten war; es ist das elementare Zeugnis eines von allen *guten Geistern* mißbrauchten Menschen als große Dichtung, die in der Welt noch nicht so, wie sie es verdient, bekannt ist. Diese Auswahl folgt nur *meinem* Verstand, keinem andern.

Thomas Bernhard

Nachweise

Die Gedichte wurden entnommen den Bänden:
Die Bettlerschale, Gedichte, © 1956 by Otto Müller Verlag Salzburg
Spindel im Mond, Gedichte, © 1959 by Otto Müller Verlag Salzburg
Der Pfauenschrei, Gedichte, © 1962 by Otto Müller Verlag Salzburg
Kunst wie meine ist nur verstümmeltes Leben, Nachgelassene und verstreut veröffentlichte Gedichte – Prosa – Briefe, ausgewählt und herausgegeben von Armin Wigotschnig und Johann Strutz, © 1978 by Otto Müller Verlag Salzburg

Inhalt

Suhrkamp Verlag GmbH
Torstraße 44, 10119 Berlin
info@suhrkamp.de
www.suhrkamp.de